Burghardt Hassel

Deutsches ABC und erstes Lesebuch

Burghardt Hassel

Deutsches ABC und erstes Lesebuch

ISBN/EAN: 9783744609517

Hergestellt in Europa, USA, Kanada, Australien, Japan

Cover: Foto ©Paul-Georg Meister /pixelio.de

Weitere Bücher finden Sie auf **www.hansebooks.com**

Deutsches A-B-C

und

Erstes Lese-Buch.

Herausgegeben von D. Hassel.

Richmond, Va.
1863.

a b c d e f g h i j k

l m n o p q r s ſ t

u v w x y z

a e i o u

b c d f g h k l m n

p q r ſ-s t v w x z

ä ö ü

ei ai au äu eu

m v r d h q ſ a n f z ß

u k b e y ch p c t w

i x j s l o

ei ä au ü eu ö ai äu
*

ab	eb	ib	ob	ub	äb	öb	üb
ap	ep	ip	op	up	äp	öp	üp
af	ef	if	of	uf	äf	öf	üf
av	ev	iv	ov	uv	äv	öv	üv
aw	ew	iw	ow	uw	äw	öw	üw
am	em	im	om	um	äm	öm	üm
as	es	is	os	us	äs	ös	üs
ad	ed	id	od	ud	äd	öd	üd
at	et	it	ot	ut	ät	öt	üt
al	el	il	ol	ul	äl	öl	ül
an	en	in	on	un	än	ön	ün
ar	er	ir	or	ur	är	ör	ür
az	ez	iz	oz	uz	äz	öz	üz
ag	eg	ig	og	ug	äg	ög	üg
af	ef	if	of	uf	äf	öf	üf
ah	eh	ih	oh	uh	äh	öh	üh
ach	ech	ich	och	uch	äch	öch	üch
asch	esch	isch	osch	usch	äsch	ösch	üsch

eib	aib	aub	äub	euß
eip	aip	aup	äup	eup
eif	aif	auf	äuf	euf
eiv	aiv	auv	äuv	euv
eiw	aiw	auw	äuw	euw,
eim	aim	aum	äum	eum
eiß	aiß	auß	äuß	euß
eid	aid	aud	äud	eud
eit	ait	aut	äut	eut
eil	ail	aul	āul	eul
eiu	aiu	aun	äun	eun
eir	air	aur	äur	eur
eiz	aiz	auz	āuz	euz
eig	aig	aug	ä-ig	eug
eik	aik	auk	äuk	euk
eih	aih	auh	äuh	euh
eich	aich	auch	äuch	euch
eisch	aisch	ausch	äusch	eusch

ta	te	bi	bo	bu	bä	bö	bü
pa	pe	pi	po	pu	pä	pö	pü
fa	fe	fi	fo	fu	fä	fö	fü
va	ve	vi	vo	vu	vä	vö	vü
wa	we	wi	wo	wu	wä	wö	wü
na	me	mi	mo	mu	mä	mö	mü
fa	fe	fi	fo	fu	fä	fö	ü
da	de	di	do	du	dä	dö	dü
ta	te	ti	to	tu	tä	tö	tü
la	le	li	lo	lu	lä	lö	lü
na	ne	ni	no	nu	nä	nö	nü
ra	re	ri	ro	ru	rä	rö	rü
za	ze	zi	zo	zu	zä	zö	zü
ga	ge	gi	go	gu	gä	gö	gü
ka	ke	ki	ko	ku	kä	kö	kü
ja	je	ji	jo	ju	ja	jö	jü
ha	he	hi	ho	hu	hä	hö	hü
cha	che	chi	cho	chu	chä	chö	chü
scha	sche	schi	scho	schu	schä	schö	schü

bei	bal	bau	bäu	beu
pei	pal	pau	päu	peu
fei	fal	fau	fäu	feu
vei	val	vau	väu	veu
wei	wai	wau	wäu	weu
mei	mai	mau	mäu	meu
fei	fai	fau	fäu	feu
dei	dai	dau	däu	deu
tei	tai	tau	täu	teu
lei	lai	lau	läu	leu
nei	nai	nau	näu	neu
rei	rai	rau	räu	reu
zei	zai	zau	zäu	zeu
gei	gai	gau	gäu	geu
kei	kai	kau	käu	keu
jei	jai	jau	jäu	jeu
hei	hai	hau	häu	heu
chei	chai	chau	chäu	cheu
schei	schai	schau	schäu	scheu

om	ma	ba	bab	wo	wep
et	to	la	lad	zo	zeg
in	ni	wa	was	so	son
at	ba	ra	das	io	teu
ich	chi	ma	man	to	toch
et	te	ka	kan	ko	koch
or	na	te	ten	bu	bach
ur	ru	we	wen	ba	tuch
es	ge	te	ter	ru	ruf
es	sa	we	wer	bu	huf
isch	schi	le	leb	bu	busch
uf	fu	we	web	wu	wusch
ef	fo	wi	wir	ta	tag
al	la	di	dir	sa	sag
er	re	li	lib	hu	hut
er	pa	li	lib	gu	gut
ut	zut	mi	mit	la	lach
im	mi	li	bit	ma	mach
en	no	mi	mich	scha	schal
es	le	ti	dich	sa	saf

man	wer	mich	doch	buch
man	her	dich	noch	such
tan	fer	sich	joch	tuch
ron	mer	wich	koch	luch
fam	web	fisch	mon	gut
lam	geb	tisch	ton	hut
nom	leb	wisch	schon	mut
war	heg	mit	los	dum
tar	leg	rit	mos	rum
gar	weg	fit	ros	gum
lab	wer	bin	bof	zug
lad	wem	bis	hoch	zum
lach	wen	bit	hol	zur
fat	der	dir	lob	buf
fab	dem	dich	los	but
fach	den	dif	log	busch
lat	leb	mil	vol	schuf
hab	ler	mit	rom	sch f
haf	lech	mich	von	schut
has	lef	misch	ver	schuz

ba	bal	bald	bi	bil	bild
wa	wal	wald	li	lich	licht
ha	hal	halb	do	dor	dorf
ka	kal	kalb	he	hef	heft
do	dor	dorn	la	lach	lacht
ho	hor	horn	ho	hol	holz
ku	kun	kund	schi	schil	schild
wu	wun	wund	mi	mil	milch
ha	han	hand	lu	luf	lust
la	lan	laud	na	nach	nacht
bu	bun	bund	pe	per	perl
mu	mun	mund	ki	kin	kind
lu	luf	luft	ko	kor	korb
du	duf	duft	we	wer	werk
fi	kin	kind	me	men	mensch
fi	fin	find	wu	wun	wunsch
wo	wol	wolf	pe	pel	pelz
go	gol	golf	ki	kir	kirsch
fe	fel	feld	ru	run	rund
he	hel	held	ga	gan	ganz

bla	blas	bli	blin	blind
gla	glas	kra	kran	kranz
bra	brach	kno	knop	knopf
gra	grab	bra	bran	brand
flu	fluch	klu	kluf	kluft
spu	spur	pfu	pfun	pfund
bru	brut	gla	glan	glanz
kla	klar	sta	stan	stand
spa	span	schlu	schlun	schlund
klu	klug	kne	knech	knecht
ble	blech	pfe	pfer	pferd
fre	frech	gru	gruf	gruft
schla	schlaf	tri	trin	trink
flo	flor	sto	stor	storch
sta	stab	fli	flin	flink
fla	flach	pfa	pfan	pfand
glu	glut	schra	schran	schrank
blo	blos	kro	krop	kropf
kru	krug	zwi	zwir	zwirn
bro	brod	kre	kreb	krebs

ra be	er de	schu le	tan ze
kna be	pfer de	per le	lau fe
stu be	bur de	mo de	kau fe
bir ne	lin de	wa de	ma de
stir ne	stun te	ta ge	kla ge
ar me	tin te	la ge	fra ge
ra me -	fi sche	sa ge	spa re
sa me	ti sche	ta sche	stun de
ta me	wes pe	wa sche	ka ste
lan ze	tres pe	fla sche	ro se
stan ze	we l'e	kir sche	ban de
wan ze	se ste	bir sche	ker ne

---

la den	mol ken	mun ter	af fen
fa den	wol ken	kun ter	kin der
scha den	ne bel	hal ten	bal ken
wa gen	he bel	sal ten	spal ten
kla gen	ha der	fel sen	fra ter
bin den	ka ter	erb sen	rie chen
ste ben	sin gen	hop fen	bie nen
wach tel	trin ken	zapfen	bin den

a	ä	bach	bär-che	wäl-ter	gür-teln
o	ö	wort	wör-ter	tör-fer	rö-gel
u	ü	buch	bü-cher	früch-te	schür-ze
ei	bei	bei-de	zei-le	rei-se
ai	mais	sai-te	kai-ser	wai-se
au	faul	mau-er	tau-be	trau-be
äu	räu	häu-fer	käu-fer	bräu-ne
eu	sch.u	heu-te	leu-te	feu-er

---

ll	all	will	fül-le	tel-ler
mm	lamm	fromm	im-mer	kam-mer
nn	mann	zinn	don-ner	tren-nen
rr	dürr	starr	nar-ren	schar-ren
ck	rock	stock	bä-cker	zu-cker
ff	hoff	schiff	waf-fe	grif-fel
ß	ss laß	muß	was-ser	fäs-fer
tt	glatt	platt	ket-te	spot-ten
pp	knapp	sup-pe	rap-pe	trep-pe
tz	sitz	mü-tze	schü-tze	bli-tzen

aa	aal	saat	haa-re	waa-re
ee	meer	schnee	bee-re	schee-re
oo	moos	boot	boo-te	loot-se
ah	zahl	lahm	fah-ne	stäh-lern
eh	mehr	mehl	eh-ren	deh-nen
ih	ihn	ihm	ih-nen	ih-ren
oh	lohn	mehr	boh-ne	stro-hern
uh	fuhr	stuhl	uh-ren	fuh-re
äh	näh	zäh	näh-ren	zäh-len
öh	öhl	öhr	söh-ne	fröh-ner
üh	müh	kühn	müh-le	hüh-ner
ie	die	knie	zie-ge	rie-gel
ieh	steh	vieh	zieh-bar	vieh-art
th	roth	thal	nö-thig	ru-the
ß	fuß	süß	sto-ßen	grü-ßen

---

c	wie	z	cent	ce-der	ci-tro-ne
c	wie	k	carl	con-rad	ca-pi-tal
c	wie	k	cla-vier	scla-ve	cre-a-tur
ch	wie	k	chor	cho-ral	christ-lich

ch wie ks	flachs	ach-se	wach-sen
x wie ks	axt	hi-xe	e-xem-pel
qu wie kv	qual	quel-le	er-qui-cken
ph wie f	c-pheu	ru-dolph	so-phi-e
y wie i	syl-be	myr-the	cy-pres-se
ey wie ei	ley-er	ccy-lon	

---

den	denn	ra-be	rap-pe	jo-seph
kühn	kinn	rä-der	ret-ter	scep-ter
hof	hoff	thä-ler	tel-ler	wachs
schief	schiff	we-ber	wet-ter	cru-cl-fix
saat	satt	o-der	ot-ter	pha-ra-o
lahm	lamm	ha-ken	ha-cken	be-quem
wen	wenn	höh-le	höl-le	sy-ri-en
heer	herr	wie-der	wit-ber	ach-se
wohl	woll	quä-len	quel-len	pro-phet
fahl	fall	prah-len	pral-len	cu-ri-ren
ahl	all	kä-me	käm-me	cho-le-ra
fehl	fell	schlaf	schlaff	grüßt
wahn	wann	stech	stch	christ

a b c d e f g h
A B C D E F G H

i k l m n o p q
J K L M N O P Q

r ſ t u v w x y
R S T U V W X Y

z ä ö ü
Z Ä Ae Ö Oe Ü Ue

au ei eu
Au Ei Eu

Aſt	A-dam	Mohn	Wur-zel
Buch	Bru-der	Ort	Da-vid
Cent	Cla-vier	Fuchs	Lü-ge
Chor	Chri-ſtus	Netz	Rip-pe
Dach	Don-ner	Hirſch	Al-ter
Ernſt	E-mil	Ohr	Ü-ber-rock
Faß	Fen-ſter	Seil	Kno-chen
Gold	Grif-fel	Vieh	Ne-bel
Hand	Ho-nig	Ei-fer	Eu-ni-ke

Ich
Joch
Kopf
Luft'
Mann
Nacht
Obst
Pelz
Qual
Reif
Sohn
Schuh
Stadt
Tuch
Uhr
Vers
Wind
Xer=xes
Yf=fel
Zahl
Äh=re
Öl
Ü=bel
Aus=weg
Ei
Eu=le

Iltis
Jä=ger
Ku=chen
Leuch=ter
Mül=ler
No=te
On=kel
Pe=ter
Quit=te
Ro=se
Sup=pe
Schlös=ser
Stäm=me
Ta=sche
Un=glück
Va=ter
Wet=ter
Xa=ver
Y=sop
Zel=le
Är=ger
Öf=chen
Ü=bung
Au=ge
Ei=sen
Eu=ter

Blut
Carl
Grab
Äp=fel
Ton
Christ
Dorf
Auf=schlag
Kraut
Ruß
Erz
Flachs
Horst
Jahr
Ä=cker
Laub
Quell
Schloß
Pfau
Wein
Thür
U=fer
Aas
Baum
Dunst
Pfad

Cä=sar
Mah=ler
Feu=er
Cho=ral
Ör=ter
Irr=thum
Qua=ste
Ei=mer
Och=sen
Er=de
Thä=ler
Auf=gang
Ge=nuß
Glo=cke
O=sen
Ju=de
Hau=sen
Brü=cke
Schrei=ner
Veil=chen
Stie=fel
Pa=pier
Ur=theil
Häu=ser
Or=gel
Zwei=fel

Ohr	Quä=ste	De=se	O=ber=haupt
Ding	Och=sen	Quel=le	Don=ner=e=tag
Tag	Zu=cker	Tisch=ler	Ur=sa=che
Art	Häu=ser	Kai=ser	An=kla=ge
Jahr	Fal=le	Lam=pe	Jo=han=nes
Fuß	Lie=be	In=sel	Fin=ster=niß
Wein	Mör=der	Wär=me	Mit=ga=be
Paul	Y=sop	Phi=lipp	Pau=li=ne
Er=de	Ce=der	Er=de	Chri=sti=an
Chor	Eh=re	Cent=ner	Cru=ci=fix
Sieb	Gei=ste	Stu=be	Schreib=fe=der
Bad	Völ=ker	Bir=ne	Va=ter=land
Raub	Na=gel	Rü=ben	No=ten=buch
Eis	Au=ge	Äh=re	Öl=müh=le

---

flei=ßig	schäd=lich	folg=sam	sicht=bar
schläf=rig	nütz=lich	spar=sam	ehr=bar
die=bisch	sa=ftig	stand=haft	höl=zern
scla=visch	hol=zicht	ei=sern	schmerz=haft
ge=recht	be=jahrt	er=kannt	ent=deckt
ge=sund	be=rühmt	er=wählt	ent=fernt
ver=fault	zer=stört	un=heil=bar	er=kennt=lich
an=ge=nischt	zer=weicht	ur=brauch=bar	er=denk=lich
un=or=dent=lich		ur=ge=hor=sam	

Be=such	G=sang	Ein=sam=keit
Be=schluß	G=hör	Deut=lich=keit
Er=aß	Ent=schluß	Ver=ord=nung
Er=werb	Ent=wurf	Ver=mitt=lung
Un=art	Zu=kunft	... in=ber=...
Ur=bank	Zu=that	Ver=säum=...
Kind=lein	Freund=schaft	Chri=st... baum
Söhn=lein	Feind=schaft	Al=ter= thum
Bäum=chen	Wahr=heit	Ar=beit=sam=keit
Gärt=chen	Krank=heit	Un=dank=bar=keit

ver=nach=läs=si=gen   Un=ge=zo=ger=heit

un=ver=bes=ser=lich   U=ber=ein=st=im=mung

Ab—ab=än=dern, ab=la=den, Ab=ge=be.

An—an=neh=men, an=sa=gen, An=fra=ge.

Auf—auf=bin=den, auf=schla=gen, Auf=bruch.

Aus—aus=sa=gen, aus=las=sen, Aus=spruch.

Bei—bei=le=gen, Bei=satz, Bei=stand.

Durch—durch=boh=ren, Durch=bruch, Durch=stich,

Ein—ein=se=tzen, Ein=fall, Ein=schluß.

Her—her=um, her=bei, her=auf, Her=kunft.

Ga=be—Ab=ga=be, Auf=ga=be, Mit=ga=be.

Ar=beit—Hand=ar=beit, Stu=ben=ar=beit,

Kopf=ar=beit, Feld=ar=beit.

Spiel—Ball=spiel, Or=gel=spiel, Cla=vier=spiel,
    Spiel=uhr, Spiel=zeug.
Dienst—Dienst=zeit, Dienst=geld, Dienst=herr,
    Haus=dienst, Kriegs=dienst, Schul=dienst.
Haus—Haus=knecht, Haus=wirth, Haus=herr,
    Kran=ken=haus, Ar=beits=haus.

———

Furcht Frucht	ken=nen	red=lich
falsch schlaf	kön=nen	röth=lich
Gras Sarg	Ge=häus	Rei=he
ernst Stern	Ge=heis	Reu=e
Sieg Geis	Krü=ge	rei=men
einst Stein	Krie=ge	räu=men
Dunst stund	hör=te	se=hen
Halm lahm	Heer=de	sä=en
	Hei=de	Sei=te
für vier	heu=te	Sai=te
nein neun	Kü=ste	sinn=te
Fund Pfund	Ki=ste	Sün=de
gern Kern	Leuch=ter	schei=ne
seift säuft	leich=ter	Scheu=ne
Leib Laib	Wei=se	Scher=ze
	Wai=se	Schür=ze
Fei=le Fäu=le	pflü=gen	Ti=ger
Krö=te Gräte	flie=gen	Tü=cher

beißt	ſchießt	kaufſt	hoffſt
nichts	rechts	dampfſt	dampfſt
ſucht	lachſt	ſchimpft	ſchimpfſt
ſagſt	lagſt	lernt	lernſt
neckſt	weckſt	ſenkt	ſenkſt
Obſt	labſt	wirft	wirfſt
ſollſt	fällſt	milk	milkſt
ſelbſt	ſalltſt	fälſcht	fälſchſt
Durſt	Fürſt	forſcht	forſchſt
Arzt	würzt	merkt	merkſt
Angſt	hängſt	ſorgt	ſorgſt
einſt	Dienſt	färbt	färbſt
hörſt	lehrſt	ſchwärmt	ſchwärmſt
waſzt	ſalzſt	ſingt	ſingſt
keimſt	räumſt	horcht	horchſt
ächzt	lechzt	pflanzt	pflanzſt
wankt	denkt	peitſcht	peitſchſt
Strahl	Strom	Sprung	Spruch
Pſriem	Pfropf	Pflug	Pflicht
Tanz	Trumpf	Tropf	Talg
Wunſch	Wurſt	Wurm	Wald
Zunft	Zucht	Zwirn	Zweck

Lesestücke. *)

, Kom=ma   ? Frag=zei=chen

; Se=mi=ko=lon   ! Aus=ruf=zei=chen

: Ko=lon.   = Theil=zei=chen

. Punkt   ' A=po=stroph

— Ge=dan=ken=strich.

---

der Hut	die Frau	das Kind
die Jagd	das Thier	der Thau
der Va=ter	das Mes=ser	der Vo=gel
die Mut=ter	die Ga=bel	das Fut=ter
ein Kropf	ein Buch	ein Kalb
ei=ne Ku=gel	ei=ne Blu=me	ein Gar=ten

das klei=ne Thier	das ro=the Blut
der wei=ße Schnee	die schar=fe Axt
die run=de Erb=se	der rei=fe Ap=fel
die zah=me Tau=be	die gel=be Bir=ne
ein klei=ner Vo=gel	ein schar=fes Mes=ser
ei=ne bun=te Fe=der	ei=ne lan=ge Ket=te
die bun=te Blu=me	der gol=de=ne Ring
das hüb=sche Spiel=zeug	die har=te Nuß

---

*) Wenn die Kinder gut buchstabiren, und anfangen sollen zu lesen, so lasse man sie erst lesen, was sie bisher buchstabirt haten, d. i. von Seite 4 an und dann gehe man weiter.

Die Fe=der ist weich.   Der Berg ist hoch.
Das Eisen ist hart.   Das Thal ist tief.

Der Kalk ist weiß; a=ber schwarz ist der Ruß.
Der Stein ist hart; a=ber weich ist der Schwamm.

Das E=sen ist här=ter als das Holz.
Der Flachs ist fei=ner als der Hanf.

Ein Teich ist nicht so tief, als ein See.
Ein Cent ist nicht so groß, als ein Tha=ler.

Die Oh=ren des E=sels sind lang.
Die Schnä=bel der En=ten sind breit.

Die Ro=se ist ei=ne schö=ne Blu=me.
Der Hund ist ein treu=er Wäch=ter.

Die Mut=ter des Kin=des ist eine gu=te Frau.
Ein from=mes Kind ist ei=ne Freu=de der El=tern.

Der Schnee und die Krei=de sind weiß.
Das Moos und die Wol=le sind weich.

Hoch ist der Baum, das Haus und der Thurm.
Rund ist der Ap=fel, die Ku=gel und der Ball.

Der Hahn kräht früh.
Die Son=ne scheint warm.
Der Fisch schwimmt schnell.

Die Ro=sen rie=chen schön.
Die Ad=ler flie=gen hoch.
Die Ka=tzen na=schen gern.

Der Baum hat Ä-ste.
Der Wa-gen hat Rä-der.
Das Schwein hat Bor-sten.

Die Vö-gel ha-ben Fe-dern.
Die Fi-sche ha-ben Schup-pen.
Die Scha-fe ha-ben Wol-le.

Der Gla-ser macht Fen-ster.
Der Bä-cker bäckt Brod.
Der Schmied häm-mert Ei-sen.

Die Schrei-ner ho-beln Bret-ter.
Die Drechs-ler dre-hen Horn.
Die Fär-ber fär-ben Wol-le.

Die Kuh wird ge-mol-ken.
Die Wäsche wird ge-wa-schen.
Der Teig wird ge-kne-tet.

Die Strüm-pfe wer-den ge-strickt.
Die Spei-sen wer-den ge-kocht.
Die Wie-sen wer-den ge-mäht.

Den Wa-gen hört man ras-seln.
Den Wind hört man sau-sen.
Den Don-ner hört man rol-len.

Den Bach hört man rau-schen.
Die Müh-le hört man klap-pern.
Den Wolf hört man heu-len.
Den Vo-gel sieht man flie-gen.
Die Schne-cke sieht man zie-hen.

Das Mes-ser braucht man zum Schnei-den.
Den Pflug braucht man zum A-ckern.
Die Peit-sche braucht man zum Trei-ben.
Das Was-ser braucht man zum Waschen und
    zum Trin-ken.
Das Feu-er braucht man zum Kochen und zum
    Wär-men.
Tin-te und Fe-der braucht man zum Schrei-ben.

Mit dem Mes-ser kann man sich leicht schnei-den.
Mit der Ga-bel kann man sich leicht ste-chen.
Mit der Art kann man sich leicht hau-en.

An dem O-fen kann man sich leicht bren-nen.
An den Dor-nen kann man sich leicht kra-tzen.

Ein Schü-ler folgt sei-nem Leh-rer.
Ein Sohn ge-horcht sei-nem Va-ter.

From-me Kin-der lie-ben ih-ren Va-ter.
Ge-hor-sa-me Schü-ler eh-ren ih-ren Leh-rer.

Der Vater will, daß du flei-ßig bist.
Die Mut-ter ver-langt, daß du rein-lich bist.

Ich ha-be ge-hört, daß er krank ist.
Er ist so ver-wun-det, daß er ster-ben muß.

Der Schü-ler, wel-cher flei-ßig ist, lernt et-was.
Das Kind, wel-ches faul ist, muß ge-straft wer-den

Ich ge-he in die Schu-le, wenn es auch reg-net.
Wenn das Wet-ter gut ist, rei-fen die Früch-te.

Je grö-ßer die Käl-te ist, de-sto leich-ter friert der Bach. — Je hö-her der Baum ist, de-sto schwe-rer ist sein Fall. — Wie man's treibt, so geht's. — Wie die Al-ten sun-gen, so zwit-scher-ten die Jun-gen. — So sau er ihm die Ar-beit wird, so ist er doch flei-ßig. — Es ist leich-ter ta deln, a's bes-ser ma chen.

Wer ist da?   Wa-rum hast du das ge-than?
Wo b st du?   Wes-sen Hut ist das?
Weißt du, wo-zu man das Holz braucht?

Das Le-sen ist doch gar zu schön;
was mag nur in dem Bu-che st hn?

Es scheint der Mond in stil-ler Nacht;
schlaf Kind, dein Gott im Him-mel wacht.

Hör' die Vö-gel, wie sie sin-gen,
sieh', die Al-ten Fut-ter brin-gen.

Vor al-len Bäu-men in d r Welt
die deu -sche Ei-che mir ge-fällt.

Mai-kä-fer, ei du tö-er Wicht,
friß mir das Laub der Bäu-me nicht.

Die Uhr, die schlägt es eilt die Zeit,
be-nutz sie gut, be-nutz sie heut!

Was fliegt oh-ne Flü-gel ü-ber dem Dache?
Es hängt am Fa-den und heißt der Dra-che.

Erzählungen.

1. Das Fischlein.

In dem Bache schwamm ein Fisch recht lustig und munter hin und her. Er war noch klein, nur einen Finger lang, hatte ein Kleid wie Silber so weiß, zwei helle kleine Augen und ein Schwänzchen.

Wenn nun die Sonne recht warm schien, da kam das Fischlein herauf, freute sich über sein Kleidchen und fing sich Mücken.

Doch wenn die Knaben kamen mit ihren Netzen, oder mit ihren Angeln, um Fische zu fangen, so schwamm es schnell davon und sprach: „Ich lasse mich nicht fangen.“

Einst kam ein Mann mit einer langen Ruthe, der setzte sich am Ufer nieder. Er machte ein Kästchen auf, nahm ein Würmchen, hing es an den Haken und warf es in den Bach.

Das Fischlein schwamm hinzu und hörte nicht auf die Warnung seines Bruders. „Ich will ja nur den Wurm besehen, ob er auch zappelt.“ Es hat den Wurm besehen, er war nur klein und dünn; es hat ihn auch benascht und — zuck! da war's gefangen.

Der Mann zog es heraus, steckte es ein und nahm es mit nach Hause. Die Mutter kochte es, daß es das Söhnchen essen konnte.

2.

Der Fisch schwimmt in dem hellen Bach:
ein Fischchen zieht dem andern nach;
sie schwimmen ⬤, bis an das Meer;
ach, wenn ich doch ein Fischchen wär'!

3. Das Rad.

An Anna's Wagen waren vier kleine Räder; sie sahen schwarz aus und in der Mitte war ein Loch. Wenn nun das kleine Mädchen fuhr, da drehten sich die Räder lustig und schnurrten dazu.

Da fiel es dem einen Rade ein, es wolle sich nicht mehr drehen. Ei, sagte es, die Deichsel dreht sich nicht und auch die Axe nicht.

Da bat die kleine Anna das Rädchen: „So drehe dich doch, der Wagen geht zu schwer und es sieht auch nicht schön aus, wenn du still stehst;" aber das Rädchen sprach; „Ich will nicht!"

Auch die anderen Räder baten es, doch das Rädchen war ein Trotzkopf und sprach: „Ich will nicht!" knurrte und scharrte heftig, wenn der Wagen gezogen ward, und wollte nicht von der Stelle.

Selbst die großen Räder an Wagen und Kutschen brummten und riefen ihm zu, es solle sich drehen, doch das Trotzköpfchen hörte nicht darauf.

Da fuhr Anna an einen großen Stein, der im Wege lag, Trotzköpfchen drehte sich nicht und — brach entzwei. Anna aber nahm das eigensinnige Rädchen mit nach Hause und warf es in den Ofen.

4. Das Spinnerlied.

Rädchen, Rädchen, gehe, gehe,
Fädchen, Fädchen, drehe, drehe;
dreh' dich, ohne still zu stehn!
Ach, was sollte denn auf Erden
mit den lieben Kindern werden,
sollten sie sich nicht mehr drehn!

5. Kind und Buch.

Komm her einmal, du liebes Buch, sie sagen immer, du bist so klug. Mein Vater und Mutter die wollen gerne, daß ich was Gutes von dir lerne; drum will ich dich halten an mein Ohr; nun sag' mir deine Sachen vor.

Das Buch blieb still und sprach kein Wort
der Knabe wartet fort und fort; zuletzt verlo
er alle Lust, und sprach: „O hätt' ich das ge
wußt, daß du nicht sprechen kannst mit mir, ich
hätte lieber gelernt in dir.

6. Hans.

Hans wollte nichts lernen, ich bin ja noch klein
wenn ich größer bin, will ich schon fleißiger sein
Das bleibt ein Dummkopf, der jung so spricht
Hans wurde wohl größer, doch fleißiger nicht.

7. Die Kinder und der Mond.

Die Sonne war untergegangen, und es wollt
schon dunkel werden, aber die Kinder waren noch
nicht alle zu Hause bei ihrer Mutter.

Zwei Kinder waren auf dem Felde, und hat
ten beim Spiele vergessen, daß man des Abends
ehe es dunkel wird, nach Hause kommen muß.

Da ward den Kindern bange, und sie wein
ten, denn sie wußten den Weg nicht zu finden.
Auf einmal wurde es hell hinter den Bäumen,
und sie sahen ein rundes Licht heraufsteigen, das
war der Mond. Als er die Kinder erblickte,
sagte er: „Guten Abend, Kinderchen, was macht
ihr noch so spät auf dem Felde?"

Die Kinder waren anfangs erschrocken, als sie aber sahen, daß der Mond freundlich lächelte, faßten sie ein Herz und sprachen: „Ach, wir haben uns verspätet, und nun finden wir den Weg nicht mehr zu unserer Mutter, weil es Nacht ist." Und sie weinten so laut, daß es den guten Mond rührte.

Da sprach er zu ihnen: „Wenn ihr das Haus wohl kennt, wo eure Mutter wohnt, so will ich euch ein wenig leuchten, daß ihr den Weg wohl findet." Und der Mond leuchtete so hell, als wenn es wieder Tag geworden wäre; die Kinder faßten Muth, und eilten so viel sie konnten, und fanden glücklich den Weg.

Als sie vor der Hausthür standen, sagten sie: „Schönen Dank, lieber Mond, daß du uns geleuchtet hast!" Er antwortete: „Es ist gern geschehen. Aber eilt nun, daß ihr zu eurer Mutter kommt, denn sie hat sich schon viel um euch geängstigt."

8.

Wenn am Abend Mann und Kind,
Thier und Vogel müde sind,
Gott, der Herr, hat's schon gesehen,

schickt die stille Nacht hernieder,
spricht zu ihr: „Nun decke du
alle meine Kinder zu,
bring' zur Ruh die müden Glieder."
Sieh, da kommt die liebe Nacht,
wieget uns in Schlaf ganz sacht;
nur der liebe Vater wacht.

9. Der verlorne Kegel.

Karl, Karl! komm schnell zu mir herein, so
rief einst Fritz. Sieh all die schönen Sachen, die
mir der heilige Christ gebracht, sieh diese Trom-
mel, diesen Säbel, sieh die Flinte und das Pferd,
und hier die herrlichen Kegel. Es sind zehn, du
kannst sie zählen, und dieser große mit der goldenen Krone ist der König. Der König steht in
der Mitte. Hier sind auch zwei Kugeln, womit
die Kegel umgeworfen werden.

Nun wollen wir einmal spielen. Und Karl
und Fritz spielten mit einander; da ging es
lustig zu.

Auch Franz kam noch und brachte seinen
Schlitten mit. Nun ging's schnell auf die
Schlittenbahn, und die Kegel blieben in der
Stube liegen.

Als sie die kleine Emma sah, spielte sie damit
und warf sie hin und her. Fritz kam zurück und
zählte sie, es waren jetzt nur neun; der König
mit der goldenen Krone fehlte.

Er suchte überall, klagte und weinte, doch der König fand sich nicht. Auch die Mutter suchte, aber alles war vergebens. Da hatte er keine Freude mehr am Kegelspiel, und die Mutter packte es in's Kästchen.

Nach einem halben Jahre, als die Wiesen grün waren und die Bäume blühten, fand man den König in einem Winkelchen hinter dem Schranke. Nun spielte Fritz im Garten mit Karl, Georg und Franz.

10.

Der kleine Fritz, ich kenn' ihn wohl,
liebt nichts als Kinderspiel,
zerstreut sich, wenn er lernen soll,
drum lernt er auch nicht viel;
ich aber wende Lust und Fleiß,
recht viel zu lernen, an;
damit, wenn ich viel Gutes weiß,
ich nützlich werden kann.

11. Vogel und Pferd.

Vogel. Pferdchen, du hast die Krippe voll; gibst mir wohl auch einen kleinen Zoll, ein einziges Körnlein oder zwei, du wirst noch immer satt dabei.

Pferd. Nimm, lecker Vogel, nur immer hin, genug ist für mich und dich darin.

Und sie aßen zusammen, die zwei, litt keiner

3

Mangel und Noth dabei. Und als dann der Sommer kam so warm, da kam auch manch böser Fliegenschwarm. Doch der Sperling fing hundert auf einmal, da hatte das Pferd nicht Noth noch Qual.

12. Des Kindes Wunsch.

O wär' ich doch ein Vögelein,
wie lustig wollt' ich fliegen,
und mit dem spitzen Schnäbelein
die rothen Kirschen kriegen!

Doch weil ich nun kein Vöglein bin,
so muß ich immer laufen,
Und muß mir bei der Krämerin
für einen Dreier kaufen.

13. Der Mann mit der Säge.

Vor der Thüre steht ein Mann, das ist ein gar armer Mann. Er arbeitet und schwitzt, daß der Schweiß ihm von der Stirn rinnt. Er hat in seiner Hand ein Ding, das ist von Holz und Eisen. Es ist eine Säge.

Die Säge hat scharfe Zähne und kann das harte, feste Holz zerschneiden. Die Klötze hackt der Mann mit einem scharfen, schweren Beile, und spaltet sie in kleine Stücke.

Die Mutter steckt sie in den Ofen, damit das Kind nicht friert, wenn es im Winter kalt ist, und kocht auch das Süppchen damit.

Der Mann hat auch ein Kind, das ist ein
armes Kind, und hat nicht Kleid noch Brod.
Drum sägt der Mann den ganzen Tag und
hackt und schafft, damit das Kind nicht hungert
und nicht friert.

Geh', liebes Kind, hinunter in den Hof, und
bringe dem Manne eine warme Suppe. Bring'
auch sein Kind mit herauf, wir wollen ihm ein
Hemdchen und ein Jäckchen schenken, und schönes
Spielzeug.

14. Der Waisenknabe.

Vor meines Vaters Thüre schlich
ein armer, armer Knabe sich
und weinte, ach weinte so bitterlich.
Er sprach: „Ach Gott! sie haben
mir Vater und Mutter begraben."
Du guter Gott, wie dank' ich dir,
noch ließest du Vater und Mutter mir.

15. Franz an der Thüre.

Halloh! Halloh! so schrie der Franz und
lärmte in der Stube. Da ging es über Stuhl
und Tisch, so daß das arme Minchen nicht lesen
und nicht schreiben konnte.

Die Eltern waren ausgegangen, gleich hatte
Franz das Buch weggelegt und tobte nun herum; denn Franz und Minchen waren ganz allein
zu Hause. Geh'! hole mir ein Glas Wasser,

ich habe großen Durst, sprach der wilde Bursche
zu seiner kleinen Schwester.

Das gute Minchen nahm ein reines Glas,
ging nach dem Brunnen und holte einen frischen
Trunk. Da fiel's dem Buben ein, das Schwe=
sterchen zu necken. Nun steht er an der Thüre,
und lauscht und horcht, ob Minchen kommt.
Schnell will er dann hervorspringen und sie er=
schrecken.

Die Hausthüre geht auf; er hört Schritte;
die Stubenthüre thut sich auf; Franz schreit
und springt hervor und fällt — dem Schornsteinfeger in die Arme, der die Esse zu kehren
kam. Nun sah der Franz ganz schwarz aus, be=
schmutzt waren Hände und Gesicht, die Kutte
und der Kragen.

16.

Schließ die Thüre, schließ das Thor,
lege Schloß und Riegel vor.
Hast du alles wohl gemacht,
schläfst du sicher in der Nacht;
liegst in süßer, sanfter Ruh,
Gottes Allmacht deckt dich zu.

17. Kind und Ofen.

„Garst'ger Ofen, schwarzer Mann, zieh ein
schön'res Kleid doch an! Sieh die Tische, sieh
den Schrank, sieh die Spiegel nett und blank,

steh den Stuhl an Sitz und Fuß, du nur, Ofen, siehst wie Ruß."

Doch der Ofen spricht kein Wort, still steht er an seinem Ort, denkt: „Laß mich nur ruhig stehn; wird der Sommer nur erst gehn, dann gefall' ich sicherlich dir, mein Knabe, — denk' an mich."

Als der Winter wiederkehrt, hält das Kind den Ofen werth. Kommt es von der Schlitten= bahn, sieht es ihn recht freundlich an; schlingt um ihn den kleinen Arm: „Lieber Ofen, bist du warm?"

18. Mitleid im Winter.

In meinem Stübchen ist's bequem,
ist's lieblich, hübsch und angenehm,
doch manche Mutter, Gott erbarm!
nimmt's Kindlein nackend auf den Arm;
sie hat kein Hemd, hört's kläglich schrei'n,
und wickelt's in die Schürze ein.
Sie hat kein Holz, sie hat kein Brod
und klagt dem lieben Gott die Noth.

Der Winter ist ein rauher Mann:
Drum geh', nimm dich der Armen an.
Geh' hin und bring der armen Seel'
ein weißes Hemd, ein Säckchen Mehl,
ein Körbchen Holz, und sag ihr dann,
daß sie auch zu uns kommen kann,
um Brod zu holen immer frisch,
und dann deck' auch für uns den Tisch.

19. Das Scheibenschießen.

Im Garten ging es lustig her, Karl's Ge=
burtstag ward gefeiert. Seine Freunde waren
alle beisammen, sie hatten Ball gespielt, und
jetzt war Scheibenschießen.

Die schön gemalte Scheibe hing an einer
Stange; weit davon standen die Knaben und
schossen mit der Armbrust. Am Bolzen aber
war ein Stachel, der blieb in der Scheibe stecken,
wenn sie getroffen ward.

Das war für die Kinder eine Freude, wenn
der Bolzen fest stak; denn wer die Mitte traf,
bekam ein schönes Bilderbuch.

„August, August, geh' auf die Seite, ich ziele
schon," rief Fritz. Doch der unbesonnene August
lief vor der Scheibe vorbei, Fritz hatte schon ab=
gedrückt, und der Bolzen fuhr in August's linkes
Auge.

„O weh! o weh!" schrie er laut auf. Das
Auge war verloren, der Bolzen hatte es durch=
bohrt. Wie gut war es, daß Gott zwei Augen
ihm gegeben hatte!

20. Die Augen.

Zwei Augen hab ich, klar und hell,
die dreh'n sich nach allen Seiten schnell,
die seh'n alle Blümchen, Baum und Strauch
und den hohen, blauen Himmel auch.
Die setzte der liebe Gott mir ein,
und was ich kann sehen, ist alles sein.

21. Wie Gustav vom Baum fällt.

Hoch auf dem Wipfel eines Baumes, der nahe am Wasser steht, hat ein Vogel ein Nest gebaut. Aus dem Neste aber sehen sechs kleine Vögelchen heraus, rufen pip, pip, und freuen sich, wenn die Alten ein Würmchen bringen.

Da kam einst Gustav in den Wald und wollte sich ein Sträußchen Blumen holen. Kaum hatte er das Nest erblickt, so sagte er für sich: „Die jungen Vögelchen mußt du einmal besehen." Schnell klettert er den Baum hinan, er steigt von Ast zu Ast und ist nun schon dem Wipfel nahe.

Jetzt hat er ihn erreicht! Er sieht die kleinen Thierchen und nimmt eins in die Hand. Krach! krach! da bricht der Ast.

Gustav fällt vom Baume herab und in den Fluß. Der Fluß war gar nicht tief, doch war viel Schlamm darin. Da hätte ich den Gustav sehen mögen, als er aus dem Schlamme heraustroch.

22. Das Bäumchen im Herbste.

Armes Bäumchen, dauerst mich;
wie so bald bist du alt!
Deine Blätter senken sich,
sind so bleich, fallen gleich
von des kalten Windes Weh'n,
und so bloß mußt du dann steh'n.

Bäumchen, nicht so traurig sei!
Kurze Zeit währt dein Leid;
geht ein Jahr gar schnell vorbei.
Bist nicht todt; grün und roth
schmückt dich wieder über's Jahr
Gottes Finger wunderbar.

23. Kind und Licht.

Kind. Du siehst mich hell und freundlich
an, ob ich wohl mit dir spielen kann.
Licht. Zum Spielen, Kindchen, bin ich
nicht; zu leuchten, das ist meine Pflicht.
Kind. Nun ja, das sollst du mir auch thun.
Licht. Recht gern; doch laß mich stehn
und ruhn.

Es setzte das Kind sich an den Tisch, besah die
Bilder und lernte frisch; es brannte das Licht
recht klar und hell, und Beiden verging die Zeit
gar schnell; doch als das Kind das Licht wollt'
nehmen, versengt es die Haare und mußte sich
schämen.

24. Wächterruf.

Hört, was ich euch will sagen!
Die Glocke hat Zehn geschlagen.
Jetzt betet, und jetzt geht zu Bett';
doch löscht das Licht aus, eh' ihr geht;
schlaft sanft und wohl; im Himmel wacht
ein klares Aug' die ganze Nacht.

25. Der Knabe und der Käfer.

Ein kleiner Käfer schwirrte vergnügt um's
Bäumchen her; allein im Garten irrte ein wil-
der Bub' umher.

Der fing das arme Thierchen, und packt's an
einem Bein, und bindet's an ein Schnürchen.
Das arme Käferlein!

Er spottet seiner Wunden, er freut sich seiner
Noth. Doch ach! nach wenig Stunden war
schon der Käfer todt.

Du schlimmer Mensch, was haben die Käfer
dir gethan? Ach, aus dem bösen Knaben ward
bald ein böser Mann.

26. Quäle kein Thier.

Keinem Würmchen thu' ein Leid;
sieh, in seinem schlichten Kleid
hat's doch Gott im Himmel gern,
sieht so freundlich drauf von fern,
führt es zu dem Grashalm hin,
daß es ißt nach seinem Sinn.
Zeigt den Tropfen Thau ihm an,
daß es satt sich trinken kann;
gibt ihm Lust und Freudigkeit;
liebes Kind, thu' ihm kein Leid.

27. Die Uhr.

Wie mag's an der Zeit wohl sein? Ich bin
immer noch allein! Ob nicht bald die Brüder

kommen, daß ein Spiel wird vorgenommen?
Sprich doch, Uhr, im hellen Ton; darf ich sie
erwarten schon?

Die Uhr gehorcht und schlägt ganz heiter;
eins! zählt das Kind; da kann es nicht weiter,
und weiß nun doch nichts von der Zeit. Die
Brüder sind indeß nicht weit. Sie treten un-
vermuthet ein zur Freude für das Schwesterlein.

28. Die Wochentage.

Gott im Himmel hat gesprochen:
Sieben Tag' sind in der Wochen,
sechs davon will ich euch geben,
schaffet da, was noth zum Leben;
doch der Sonntag bleibe mein,
da will ich euch unterweisen,
mir zu dienen, mich zu preisen,
gut und fromm vor mir zu sein.
Liebes Kind, vergiß es nicht,
was der Herr vom Sonntag spricht.

29. Der Staar.

Der alte Jäger Moritz hatte in seiner Stube
einen abgerichteten Staar, der einige Worte
sprechen konnte. Wenn zum Beispiel der Jäger
rief: „Staarmaß, wo bist du?" so schrie der
Staar allemal: „Da bin ich!"

Des Nachbars kleiner Karl hatte an dem
Vogel eine ganz besondere Freude und machte

ihm öfters einen Besuch. Als Karl wieder ein=
mal kam, war der Jäger eben nicht in der Stube.
Karl fing geschwind den Vogel, steckte ihn in die
Tasche und wollte sich damit fortschleichen.
Allein in eben dem Augenblicke kam der Jäger
zu der Thüre herein. Er dachte dem Knaben
eine Freude zu machen, und rief wie gewöhnlich:
„Staarmatz, wo bist du?" — und der Vogel in
der Tasche des Knaben schrie, so laut er konnte:
„Da bin ich!"

30. Kindergebet.

Ich soll, so lang' ich leb' auf Erden,
verständiger und besser werden,
das forderst du, mein Gott, von mir.
Und wenn ich stets das Böse meide,
dann bin ich guter Menschen Freude,
dann, guter Gott, gefall' ich dir.

31. Der Essenkehrer.

In dem Hause, in welchem die kleine Marie
wohnte, war die Esse einmal lange nicht gekehrt
worden. Die Köchin kann wohl die Küche und
die Stube kehren, auch die Töpfe wieder blank
scheuern, wenn sie berußt sind; aber die Feueresse
kann sie nicht kehren, das muß der Essenkehrer
thun, der auch Schornsteinfeger heißt.

Da kam er eben zum Hause herein, als Marie
auf der Treppe war. Schnell lief sie zur Mutter

und rief: „Mutter, Mutter, geh' nicht hinaus, der Schornsteinfeger ist draußen."

„Ei," sagte die Mutter, das ist gut, er will die Esse kehren; komm mit mir, wir wollen ihm die Küche zeigen."

Marie ging wohl mit, aber ihr Herz pochte beim Anblicke des schwarzen Mannes.

Die Mutter öffnete die Küche, gab ihm eine Hand und sprach. „Guten Tag, lieber Mann, es ist gut, daß du da bist. Da lachte der Essen=kehrer, als er sah, wie Marie sich hinter dem Kleide der Mutter versteckte, und fragte: „Wer ist das kleine Mädchen?" „Ei," sagte die Mut=ter, „das ist meine kleine Marie."

„Nun, gehe einmal in den Hof, kleine Marie," sprach der Essenkehrer, „und siehe nach der Feueresse, da wirst du etwas Lustiges sehen."

Das that Marie und ging mit der Mutter hinab. Es dauerte gar nicht lange, so sah ein Besen zur Esse heraus, dann kam ein Kopf und zuletzt der ganze Essenkehrer, der schaute sich um und rief: „Hoho! hoho!"

Die kleine Marie freute sich ebenfalls und rief: „Essenkehrer! Essenkehrer! Der Essen=kehrer hatte aber nicht lange Zeit, da oben zu sitzen, darum kletterte er wieder herunter. Die Mutter gab ihm ein Geldstück, und als er fort=ging, sprach er: „Leb' wohl, kleine Marie."

Marie sprach: „Leb' wohl, guter Essenkehrer," und gab ihm die Hand.

32. Fürchte nichts.

Gott ist, wo die Sonne glüht,
Gott ist, wo das Veilchen blüht,
ist, wo jener Vogel schlägt,
ist, wo dieser Wurm sich regt.
Ist kein Freund, kein Mensch bei dir,
fürchte nichts! Dein Gott ist hier.

33. Dieb und Hund.

D i e b. Still, Hündchen, still und sei ge=
scheidt, bell' nicht! ich thu' dir ja kein Leid, will
dir auch eine schöne Bratwurst geben.

H u n d. Mit Nichten; darum bell' ich eben.
Ich seh's, du willst nur stehlen hier, darum
thust du so schön mit mir.

Der Hund, der treue, bellte mit Macht, das
hörte man weithin durch die Nacht; es erwach=
ten die Leute im Hause drinnen. Da schlich sich
der böse Dieb von hinnen, und fürchtete sich und
kam nicht wieder; still legte der gute Hund sich
nieder.

34. Das Geldfaß.

Sieh', liebe Anna, was liegt denn dort auf
dem Wege? sprach Jacob, als er das Schwe=
sterchen auf dem Schlitten fuhr. Das ist ein
Fäßchen, riefen beide, indem sie näher herantra=
ten, gewiß hat es ein Kind verloren, das damit
gespielt hat, oder der heilige Christ, oder der
Geburtstagsmann.

Als die Kinder davor standen, erblickten sie nicht allein das Faß mit seinen Reifen, sondern sahen auch, daß es aufgegangen, und daß schöne gelbe Geldstücke herausgefallen waren. O, dieses schöne Geld, das wir gefunden haben, sprach die kleine Anna, jetzt kauft dir nun die Mutter neue Kleider, Schuhe und ein neues Lesebuch, und wenn etwas übrig bleibt, auch mir ein neues Kleid, ein Tuch und warme Handschuhe.

Komm, laß es uns der Mutter bringen, sprach Jacob, und diese fragen, ob wir es auch behalten dürfen. Setze dich auf den Schlitten und nimm es vor dich, ich will die gelben Dreier, die hier auf dem Wege liegen, in die Tasche stecken, und dich fahren.

So fuhren die Kinder fort; bald kamen sie zur Mutter und zeigten ihren Fund. Die Mutter erstaunte darüber und sprach: Dies sind Goldstücke, aber uns gehören sie nicht. Die hat ein reicher Mann verloren, dem müssen wir sie wieder geben.

Kennst du den reichen Mann? sprachen die Kinder. Nein, sagte die Mutter, aber wir wollen es dem Herrn Pastor melden, der wird ihn schon ausfindig machen. Sogleich trugen sie das Geld zum Herrn Pastor, und Jacob nahm die goldnen Dreier aus der Tasche und legte sie auf den Tisch. Wie freute sich der redliche Prediger! Er rief noch mehrere Leute des Dorfes herbei und alle zählten das Geld.

Schon noch drei Tagen hing ein großer Zettel
am Gemeindehause, darauf stand geschrieben:
„200 Thaler Belohnung dem, der ein Fäßchen
Geld gefunden hat." Da trugen der gute Pastor, die Mutter und die Kinder das Geld in die
Stadt, und die arme Frau erhielt nicht nur die
Belohnung, sondern die kleinen Finder auch noch
neue schöne Kleider.

35. Der Räuber.

Wer ist das? Wen führen sie dort ins Gericht?
Ein Räuber, ein Mörder, ein Bösewicht!
Bis dahin zu kommen, das dacht' er wohl nicht,
als er als Knabe zum ersten Mal
dem Nachbar ein Händchen voll Kirschen stahl!

36. Das Vogelnest.

Das Rothschwänzchen wollte gern ein Nest
bauen, und konnte keinen Platz finden. Es flog
in dem ganzen Garten umher, und um das
Haus herum, und konnte nichts entdecken, was
ihm paßte.

Endlich sah es eine Ritze in der Mauer, und
da es fand, daß sie weit genug war, sagte es zu
seinem Männchen: „Komm', wir wollen uns
Heu suchen und unser Nestchen bauen." Und
sie suchten Heu und Grashälmchen, machten ein
rundes Nestchen, thaten weiche Federn hinein,
und es war groß genug für das Weibchen und
Männchen

Nicht lange nachher, da lagen auch fünf Eier
darin, die waren so groß wie ein Nüßchen und
bläulich von Farbe. Schon nach wenigen Wo=
chen sahen fünf nackte Junge aus dem Neste,
die wärmten die Alten und fütterten sie, bis
sie groß waren, selbst flogen und sich auch ein
Nestchen bauen konnten.

37. Was Jedes hat.

Die Schnecke hat ein Haus,
ein Fellchen hat die Maus,
der Sperling hat die Federn sein,
der Schmetterling schöne Flügellein.
Nun sage mir, was hast denn du?
Ich habe Kleider und auch Schuh,
und Vater und Mutter, Lust und Leben;
das hat mir der liebe Gott gegeben.

38. Fritz vor dem Kuchenzelte.

Drei Dreier hatte der Fritz erhalten vom
Vater, um sich zu erfreu'n. Beliebig kann er
damit schalten; was mag nun wohl das Beste
sein? Die Vogelwiese soll's ihm sagen. Dort
sind die Zelte aufgeschlagen. Es würfelt, spielt
und ißt sich satt, wer Dreier in der Tasche hat.

Vor einem Zelt bleibt Fritzchen stehen; der
Kuchen sieht ihn lächelnd an. Nie hat er ihn
so schön gesehen, er dünkt ihm fast wie Mar=
zipan. Sprach nicht der Vater: „Kannst den

Kuchen für deine Dreier auch versuchen." Drum
schnell, hol' all' dein Geld heraus, und setze dich
zum Kuchenschmauß.

Im Augenblick sollt' es geschehen. Da steht
er einen blinden Mann. Der arme Greis, er
kann nicht sehen, und spricht um milde Gaben
an. „Hier, lieber Mann, hast du die Gabe, die
ich zur Lust empfangen habe; ich bin so glücklich
und du blind!" — „„Gott segne dich, mein gutes Kind!""

39. Zufriedenheit.

Ich hab' ein kleines Hüttchen nur,
es steht auf einer Wiesenflur,
da ist es friedlich, ist es schön;
komm, laß' uns in das Hüttchen geh'n.

Nicht Gold, nicht Seide ist darin,
nach andern Schätzen steht mein Sinn;
bin ich zufrieden, bin ich gut,
so hab' ich immer frohen Muth.

Ich wirke bei des Tages Licht,
erwerbe mir, was mir gebricht,
und bricht die finst're Nacht herein,
dann schlaf' mit meinem Gott ich ein.

40. Frau und Mäuschen.

Frau. Mäuschen, was schleppst du dort
mir das Stück Zucker fort.

Mäuschen. Liebe Frau, ach vergib, habe
vier Kinder lieb, waren so hungrig noch. Gute
Frau, laß mir's doch!

Da lachte die Frau in ihrem Sinn und sagte:
Nun, Mäuschen, so lauf' nur hin! Ich wollte ja
meinem Kinde so eben auch etwas für den Hun-
ger geben. — Das Mäuschen lief fort, o wie
geschwind! Die Frau ging fröhlich zu ihrem
Kind.

41. Sultan mit dem Korbe.

Sultan war ein großer Hund, aber er that
Niemand ein Leid. August und Karl durften
auf ihm reiten, und wenn das kleine Mädchen
sich in den Wagen setzte, so zog er denselben.

Er schlich sich auch nicht in die Küche, und
wenn die Mutter einen Knochen hatte, so rief
sie: „Sultan, Sultan!" und wenn er nun her-
beigesprungen kam, so gab sie ihm den Knochen.
Dafür holte der gute Sultan der Mutter auch
Fleisch und allerlei Sachen beim Fleischer und
dem Kaufmann.

Die Mutter rief den Sultan, gab dem Hunde
einen Korb ins Maul und schickte ihn zum Fleischer. Im Korbe aber lag ein Zettel, darauf
stand geschrieben, was Sultan holen sollte. Da
kratzte der Hund an der Thüre, der Fleischer ließ
ihn herein, gab ihm das Fleisch und einen Knochen für sein Maul, und schnell lief Sultan damit fort.

Da ſah ihn Packan, ein großer ſchwarz e
Hund, und roch das ſchöne Fleiſch im Korbe.
„Warte einmal, Sultan, ich will dich etwas
fragen,“ ſprach er, doch Sultan merkte ſeinen
böſen Sinn, und lief ſchnell weiter. Der Packan
ſetzt hinter drein, und bald hat er den Sultan
eingeholt, der mit dem Korbe nicht gut laufen
konnte.

Sultan ſetzte aber ſchnell den Fleiſchkorb hin
und biß den Packan tüchtig in den Hals. Die
andern Hunde liefen alle herbei, und ſahen zu,
doch keiner nahm den Korb. Da lief der Packan
fort mit Schreien und mit Heulen, das Blut
floß ihm vom Halſe herab, doch Sultan nahm
den Korb und brachte ihn der Mutter. Die
Mutter lobte ihn, gab ihm ſeinen Knochen und
ſchickte ihn in ſeine Hütte.

42. Der Lügner.

Komm’ mit, ſprach neulich Klaus zu mir,
da draußen gibt’s ein ſeltſam Thier.
Ich ging. Es war nichts. Und Nachbars Klaus,
der lachte noch dazu mich aus.
Verdrießlich ging ich wieder herein
und dachte: Es iſt doch nichts Hübſches, ein
Lügner zu ſein.

43. Franz mit der Larve.

Franz, Franz! guter, lieber Franz, o ſage mir,
ob du es biſt und mache mich nicht zu fürchten

*

so sprach das kleine Minchen, als ein Knabe mit
einer Larve in die Stube trat. Die Eltern waren ausgegangen, und Minchen war allein im
Hause, — nur Spitz war bei ihr, der muntere,
weiße Spitz.

Da lief der wilde Knabe auf das zitternde
Minchen zu, verlangte den Schlüssel zur Kom-
mode, zog den Säbel und drohte, das Mädchen
todt zu stechen. Spitz knurrte unter dem Tische,
und als der Franz that, als wollte er nach dem
armen Mädchen schlagen, sprang er hervor und
biß ihn tüchtig in die Hand.

Da schrie der wilde Knabe laut auf, riß schnell
die Larve vom Gesicht und warf den Säbel hin.
Jetzt kannte Spitz den Franz, er ließ ihn los
und schlich sich knurrend unter den Tisch. Auch
Minchen wurde wieder ruhig, doch Franzens
Wunde blutete recht heftig. Da holte sie kaltes
Wasser herbei, und stillte endlich das Blut da-
mit. Franz hat Niemand wieder erschreckt.

44. Fritz neckt den Spitz.

Spiele nicht mit fremden Hunden,
sprach Johann zu seinem Fritz.
Aber ach, der flücht'ge Fritz
läuft davon, neckt Nachbars Spitz.
Dieser ist nicht fest gebunden,
reißt sich los und beißt den Fritz.
O, wie schmerzten ihn die Wunden.

45. Der Spazierstock.

Als Wilhelm und Theodor einst ihren Vetter besuchten, bekamen sie von ihm die Erlaubniß, in den Garten gehen zu dürfen. Reißt mir nur nichts ab, denn ich habe schöne Blumen und Stauden im Garten, bat der Vetter, und die Kinder versprachen es.

Im Garten war es schön; viele Beete waren mit herrlichen Blumen bepflanzt, die Gänge mit gelbem Sande überstreut, und an den Mauern zogen sich Weinstöcke hin.

Als die Knaben lange in der Laube gesessen hatten, besahen sie auch den Obstgarten, und hier fanden sie eine Menge herrlicher, junger Obstbäumchen; das war eine Baumschule.

Ei, laß' uns hier ein Stöckchen abschneiden, sprach Wilhelm. Sieh' dieses gerade Stämmchen, das wird ein herrlicher Spazierstock. Wohl rieth ihm Theodor ab, doch Wilhelm nahm das Messer, schnitt das Stämmchen durch, brach den Wipfel ab, und hatte nun ein Spazierstöckchen.

Als die Knaben aus dem Garten kamen, und der Vetter das Stöckchen sah, ward er tief betrübt, denn dieses war sein liebstes Bäumchen gewesen. Wilhelm durfte nie wieder in den Garten.

46. Kind und Ruthe.

Kind. Ruthe, was fang' ich mit dir an,
hast mir so viel zu Leid gethan!

Ruthe. Nicht doch! du darfst nicht böse sein,
ist ja doch Alles zum Besten dein.
Kind. Weiß wohl; aber es thut doch weh;
geh' nur, du schlimme Ruthe, geh'!

Das Kind sah traurig die Ruthe an:
Ob ich sie gar nicht los werden kann?
Da hört es auf der Mutter Wort,
war artig, und freundlich immerfort;
die Ruthe dort hinter dem Spiegel verschwand;
ich glaube, sie haben sie gar verbrannt.

47. Das zerbrochene Glas.

Röschen und Anna spielten mit ihrer Puppen=
stube. Sie zogen die neuen Puppen aus und an,
und hatten sie es recht schön gemacht, so wurden
sie in das Fenster gestellt.

Draußen vor dem Fenster standen mehrere
Mädchen, besahen die schönen Püppchen und
freuten sich darüber. Auch Röschen und Anna
traten hinzu, sprachen mit den Kindern, und
freuten sich, wenn noch mehr Kinder kamen.

Als Röschen aber zum Fenster zurücktrat, stieß
sie plötzlich an ein Glas, das dem Vater gehörte;
es fiel zu Boden und zerbrach. Wohl suchten
die Kinder die Scherben zusammen, und fügten
sie aneinander, allein das schöne Glas ward
nicht wieder ganz.

Da spielten die Kinder nicht mehr, sie setzten
sich in ein Winkelchen und weinten, denn der

Vater hatte das Glas recht lieb gehabt. Mit Schmerzen warteten sie auf seine Ankunft, und als er kam, da klagten sie sich selbst an.

Der Vater war über den Verlust des schönen Glases betrübt, doch freute er sich noch mehr über die Ehrlichkeit der Kinder und verzieh ihnen das Vergehen. Anna und Röschen aber waren in Zukunft vorsichtiger.

48.

Die Wahrheit rede stets
und wag' es nie zu lügen;
die Menschen kannst du wohl,
nie aber Gott betrügen.

49. Pfeil und Bogen.

Julius und August waren herzensgute Knaben. So fleißig wie sie, waren wenige Kinder in der Schule. Als nun der Herbst herangekommen und das Schilf im Teiche reif geworden war, da machten sich alle Knaben im Dorfe Pfeile und Bogen und schossen damit.

Auch unsere Knaben thaten dies, und nachdem sie sich geübt und nach der Scheibe geschossen hatten, da gingen sie wohl auch in den Garten, und schossen die rothbäckigen Aepfel vom Baume, denn der Vater hatte es erlaubt.

Da gab es große Freude, wenn ein Apfel fiel, und zehnmal ward er besehen, wo er getroffen.

Als sie nun auch einmal im Garten waren, so sahen sie ein Vögelchen von dunkelbrauner Farbe mit rothem Kehlchen. Es saß auf dem Hollunderbusche, und pickte sich schwarze Beeren. Kaum hatten es die Knaben erblickt, so wünschten sie es zu besitzen, griffen nach Pfeil und Bogen und — puff! da war es getroffen.

Es fiel vom Baume herab und flatterte umher. Die Knaben hatten den Flügel zerschossen und auch am Köpfchen blutete es. Wohl haschten sie das arme Thierchen, doch schon nach einer halben Stunde war es todt. Da weinten sie, machten ein kleines Loch in die Erde, begruben es und versprachen sich, nie wieder ein Thierchen zu schießen.

50.

Vöglein spielen in der Luft,
Blümlein geben süßen Duft,
Schmetterling schwebt leise fort,
Küh' und Schäflein weiden dort;
in dem Wald steht Baum und Strauch;
springen Hirsch und Rehlein auch;
Gottes Auge sieht auf sie,
schützt und nährt sie spät und früh.

51. Drache und Vogel.

Seht ihr den großen Vogel da? ihr kleinen, kommt ihm nicht zu nah, daß er euch nicht etwa ertappt und zehne gleich hinunter schnappt.

Vögel: Ach, geht mit eurem großen Thier,
das ist ja gar nichts als Papier.

Da legt auf einmal sich der Wind; zur Erde
fiel der Vogel geschwind; die Knaben bemühten
drum sich sehr, doch wollt' er nicht länger fliegen
mehr. Die Kleinen alle mit leichtem Sinn, sie
flatterten um ihn her und hin.

52. Vögelflug.

Warum wohl die Vögel fliegen können?
Ei, das magst du ihnen schon gönnen.
Auf der Erde sind der Thiere viel,
und haben hier und dort ihr Spiel.
Da war kein Platz für die Vögel mehr;
das dauerte den lieben Gott so sehr,
d'rum hat er ihnen die Flügel gegeben,
daß sie dort oben in Lüften schweben;
da können sie spielen den ganzen Tag,
und haben Platz, wie viel Jedes mag.

53. Die beiden Zwiebeln.

Auf dem Küchentische der Mutter lagen zwei
Zwiebeln. Die eine war eine Tulpenzwiebel
und war vom Gärtner an diesen Ort gelegt worden; die andere war eine Kochzwiebel, denn die
Mutter bereitete eben das Essen.

Als die große, hellbraune, glänzende Kochzwiebel die kleine, weniger schöne Tulpenzwiebel
erblickte, sagte sie zu ihr: Was willst du neben

mir, du kleines, häßliches Ding. Du siehst nicht
schön aus und riechst nicht gut, auch kann man
dich nicht in der Küche brauchen, — warum
drängst du dich an mich?

Die Tulpenzwiebel sprach kein Wort; die
Mutter aber machte dem Zanken bald ein Ende,
nahm die Kochzwiebel, zerschnitt sie und warf
die Stücke in den Kochtopf. Da war es mit dem
Schreihals aus.

Nach einem halben Jahre aber blühte eine
köstliche Blume im Garten, über die Jedermann
sich freute. Es war eine Tulpe, die aus der an=
dern Zwiebel herausgewachsen war. Ihr Stiel
war lang und schlank, die Blätter gelb und roth
und dunkel, und zarter Blumenstaub war in
ihrer Krone. Sie schloß sich am Abend und öff=
nete sich am andern Morgen wieder. Und als
sie endlich verblüht war, hatten sich an ihrer
Zwiebel mehrere kleine angesetzt, die eben so
schöne Tulpen im nächsten Jahre hervorbrachten.
Welche von beiden Zwiebeln war die schönste?

54. Eintracht.

Mit Nachbarn muß man friedlich leben,
zu Zank und Streit nie Anlaß geben.
Ein guter Nachbar an der Hand
nützt mehr, als Freunde über Land.

55. Das Gift im Schranke.

Lottchen war ein gutes, hübsches Mädchen,
mit blauen Augen und braunen Locken. Nur

einen Fehler hatte sie an sich: sie war nämlich
ein Naschkätzchen, und konnte sie einmal über
die Zuckerdose kommen, so spazierten die Zucker=
stückchen aus der Dose in den Mund.

Schon manchmal hatte sie dafür Strafe be=
kommen; allein wenn sie auch nicht mehr so oft
wie sonst in ihren Fehler verfiel, ganz hatte sie
ihn doch nicht abgelegt. Als nun Vater und
Mutter ausgegangen waren, sah Lottchen, daß
der Schrank nicht zugeschlossen war. Im Schranke
aber stand die Zuckerdose.

Schnell rückte sie den Tisch an den Schrank,
und suchte nach der Dose. Doch diese war leer.
Sie suchte weiter, und fand in einem Winkel=
chen ein Papierchen, in dem ein weißes Pulver
enthalten war. Es sah wie Zucker aus.

Schnell tüpfte Lottchen dies mit dem nassen
Finger auf und legte das Papier wieder in den
Schrank. Schon machte Lottchen sich Vorwürfe
über ihren Ungehorsam; da bekam sie heftige
Leibschmerzen, und laut weinend und wimmernd
trafen sie die Eltern bei ihrer Rückkehr an.

Wohl gestand sie ihre Schuld, wohl holte der
Vater schnell den Arzt herbei, doch war es schon
zu spät; noch an demselben Abend war Lottchen
nach schrecklichen Schmerzen eine Leiche. Das
weiße Pulver war Fliegengift gewesen.

Hütet euch vor dem Naschen, denn ihr seht,
welche schrecklichen Folgen es haben kann.

56. Der Pudel.

Wer hat hier die Milch genascht? Hätt' ich
doch den Dieb erhascht! Pudel, wärst denn du
es gar? Pudel, komm doch! ei fürwahr, einen
weißen Bart hast du; sag' mir doch, wie geht
das zu?

Die Hausfrau sah ihn an mit Lachen: Ei,
Pudel, was machst du mir für Sachen? Willst
wohl noch gar ein Naschkätzchen werden? Da
hing er den Schwanz bis auf die Erden, und
heulte und schämte sich so sehr. Der nascht wohl
so bald nicht mehr.

57. Das lustige Kind.

Ich bin fröhlich, wohlgemuth,
laufe, hüpfe, springe;
bin ein junges, rasches Blut,
immer guter Dinge.
Wo es was zu lachen gibt,
wo man muntre Scherze liebt,
da bin ich wohl selten fern,
da bin ich für's Leben gern.

Folgt mir, Brüder, macht's nur so
und seid guter Dinge!
Seid, wie ich, vergnügt und froh,
seht nur, wie ich springe!
Frisch geschäkert und gelacht!
Wer uns recht zu lachen macht,
der, ihr Brüder, stimmt mit ein,
der soll unser König sein!

58. Die Hasenjagd.

Der Vater ging auf die Jagd. Ueber die Achsel hing die Flinte, an der Seite die Jagttasche, und nebenher ging der Hund, der Karo hieß. Als der Vater an den Waldrand kam, bückte er sich still in einen Graben nieder und nahm die Flinte von der Achsel. Karo aber duckte sich nieder und lauschte, ob er ein Häschen hören könnte.

Es dauerte auch nicht lange, da rasselte etwas in den Büschen. Schon legte der Vater sich nieder, aber es war ein Reh. Der Vater schoß es nicht, denn die Mutter mochte keinen Rehbraten haben. Das Rehchen hüpfte hin und her, als es aber den Jäger erblickte, und den großen braunen Karo, da lief es schnell davon.

Nach einer Weile rasselte es wieder in den Büschen, und mit weiten Sprüngen kam ein Häschen hervor. Es machte Männchen, spitzte die Ohren, hüpfte her und hin, und fing endlich zu grasen an. Als es dem Jäger ganz nahe war, machte es noch ein Männchen, doch dieser drückte ab und — puff! da war der Hase todt. Schnell packte ihn Karo, der Vater steckte ihn in den Ranzen und den Sonntag gab es Hasenbraten.

59. Häschen.

Horch, Häschen, merkst du was
dort hinterm Busche? Was ist das?
Ja, spitze nur die Ohren recht,

mein Häschen, sonst bekommt dir's schlecht.
Lauf schnell davon und zög're nicht,
der Jäger sucht dich armen Wicht,
hat er dich nur einmal geseh'n,
kannst du ihm auch nicht leicht entgeh'n.

60.

Eigenwill' und Eigensinn sind zwei schlimme
Geister; alle Ruhe ist dahin, spielen sie den
Meister. Du wirst dann dir selbst zur Last,
schmollest gestern, heute; wenn du einen Trotzkopf hast, flieh'n dich alle Leute. Keinen Freund
hast du alsdann, einsam mußt du leben, und
nichts wird dir gern gethan, nichts dir gern gegeben. Darum laß den Eigensinn, laß den
Trotzkopf bleiben; denn die Ruthe würde ihn
endlich doch vertreiben.

61.

Kannst du reich durch Diebstahl werden,
bleibe lieber arm auf Erden.
Armuth ist dir keine Schande,
Diebstahl treibt dich aus dem Lande;
hast du Böses nie gethan
siehst du Jeden offen an.

Das Zählen.

1											
1										
2										
3										
4										
5										
6										
7										
8										
9										
10										

Zig.

1 mal 10 ist 10
2 „ 10 „ 20
3 „ 10 „ 30
4 „ 10 „ 40
5 „ 10 „ 50
6 „ 10 „ 60
7 „ 10 „ 70
8 „ 10 „ 80
9 „ 10 „ 90
10 „ 10 „ 100

1	2	3	4	5	6	7	8	9	10
11	12	13	14	15	16	17	18	19	20
21	22	23	24	25	26	27	28	29	30
31	32	33	34	35	36	37	38	39	40
41	42	43	44	45	46	47	48	49	50
51	52	53	54	55	56	57	58	59	60
61	62	63	64	65	66	67	68	69	70
71	72	73	74	75	76	77	78	79	80
81	82	83	84	85	86	87	88	89	90
91	92	93	94	95	96	97	98	99	100

Das Eins und Eins.

1	und	1	ift	2	1 und 4 ift	5
2	„	1	„	3	2 „ 4 „	6
3	„	1	„	4	3 „ 4 „	7
4	„	1	„	5	4 „ 4 „	8
5	„	1	„	6	5 „ 4 „	9
6	„	1	„	7	6 „ 4 „	10
7	„	1	„	8		
8	„	1	„	9	1 und 5 ift	6
9	„	1	„	10	2 „ 5 „	7
					3 „ 5 „	8
1	und	2	ift	3	4 „ 5 „	9
2	„	2	„	4	5 „ 5 „	10
3	„	2	„	5		
4	„	2	„	6	1 und 6 ift	7
5	„	2	„	7	2 „ 6 „	8
6	„	2	„	8	3 „ 6 „	9
7	„	2	„	9	4 „ 6 „	10
8	„	2	„	10		
					1 und 7 ift	8
1	und	3	ift	4	2 „ 7 „	9
2	„	3	„	5	3 „ 7 „	10
3	„	3	„	6		
4	„	3	„	7	1 und 8 ift	9
5	„	3	„	8	2 „ 8 „	10
6	„	3	„	9		
7	„	3	„	10	1 und 9 ift	10